1																1
2																2
3																3
4																4
5																5
6																6
7																7
8																8
9																9
10																10
11																11
12																12
13																13
14																14
15																15
16																16
17																17
18																18
19																19
20																20
21																21
22																22
23																23
24																24
25																25
26																26
27																27
28																28
29																29
30																30
31																31
32																32
33																33
34																34
35																35
36																36
37																37
38																38
39																39
40																40

Printed in Great Britain
by Amazon